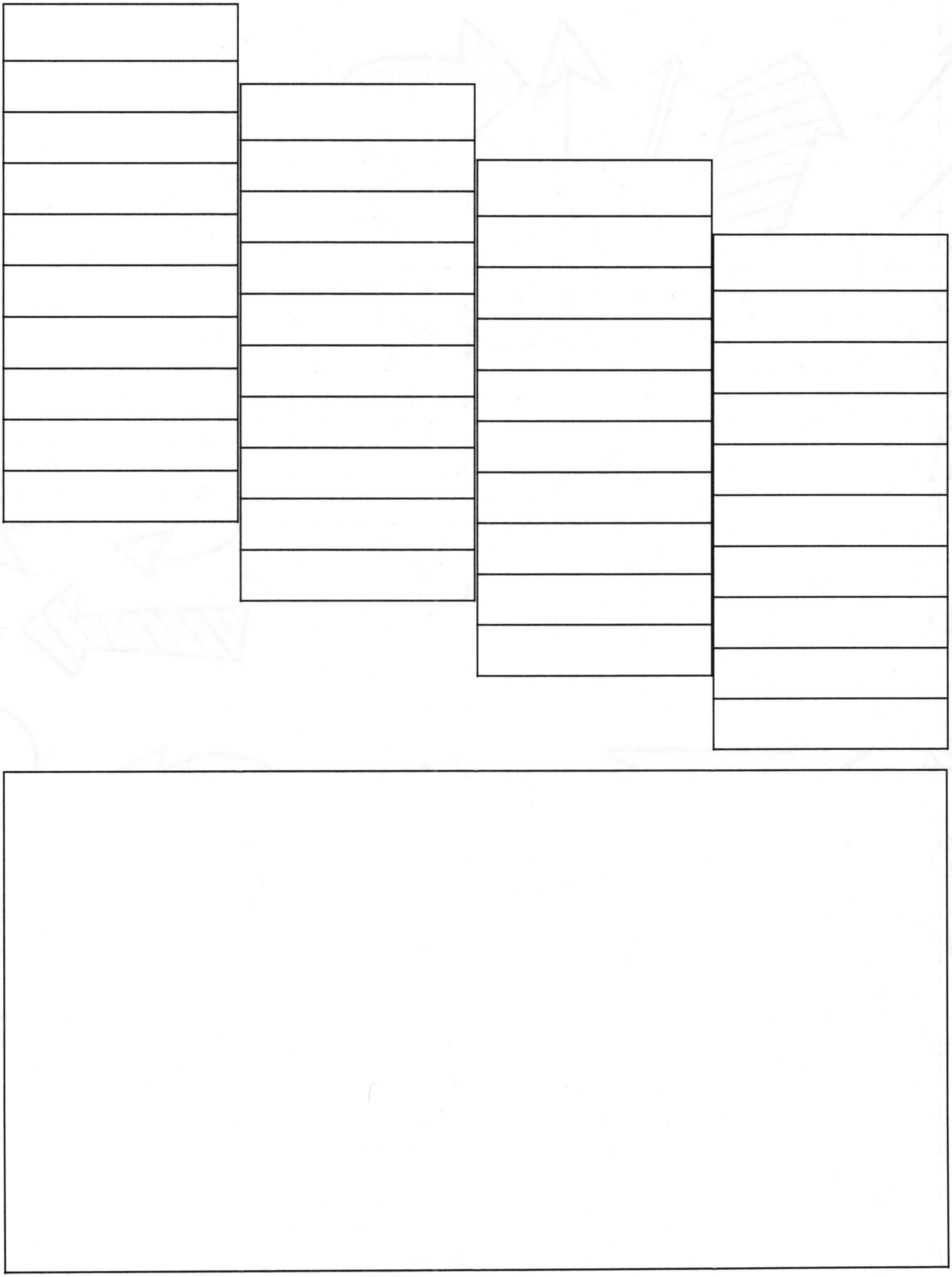

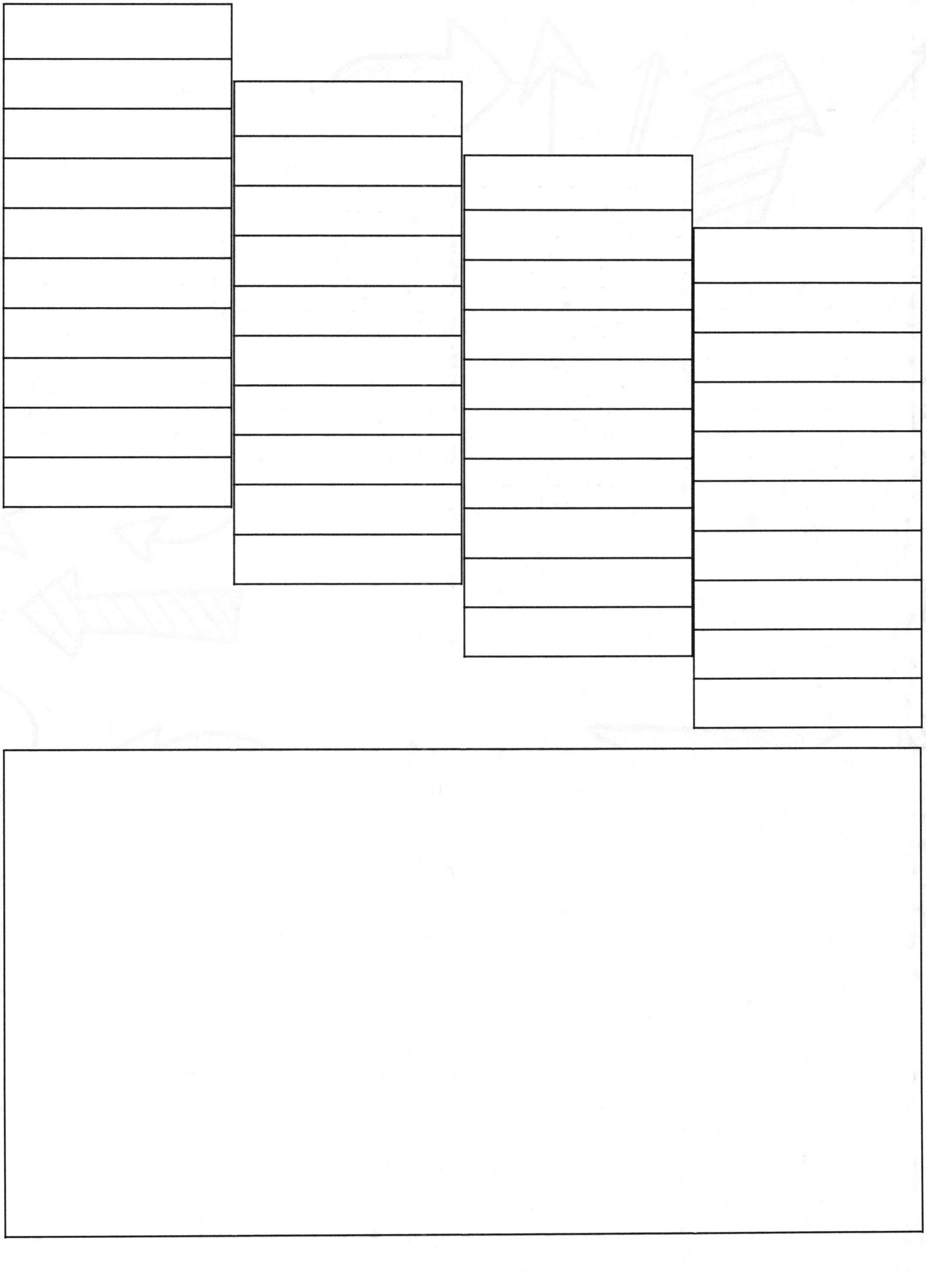

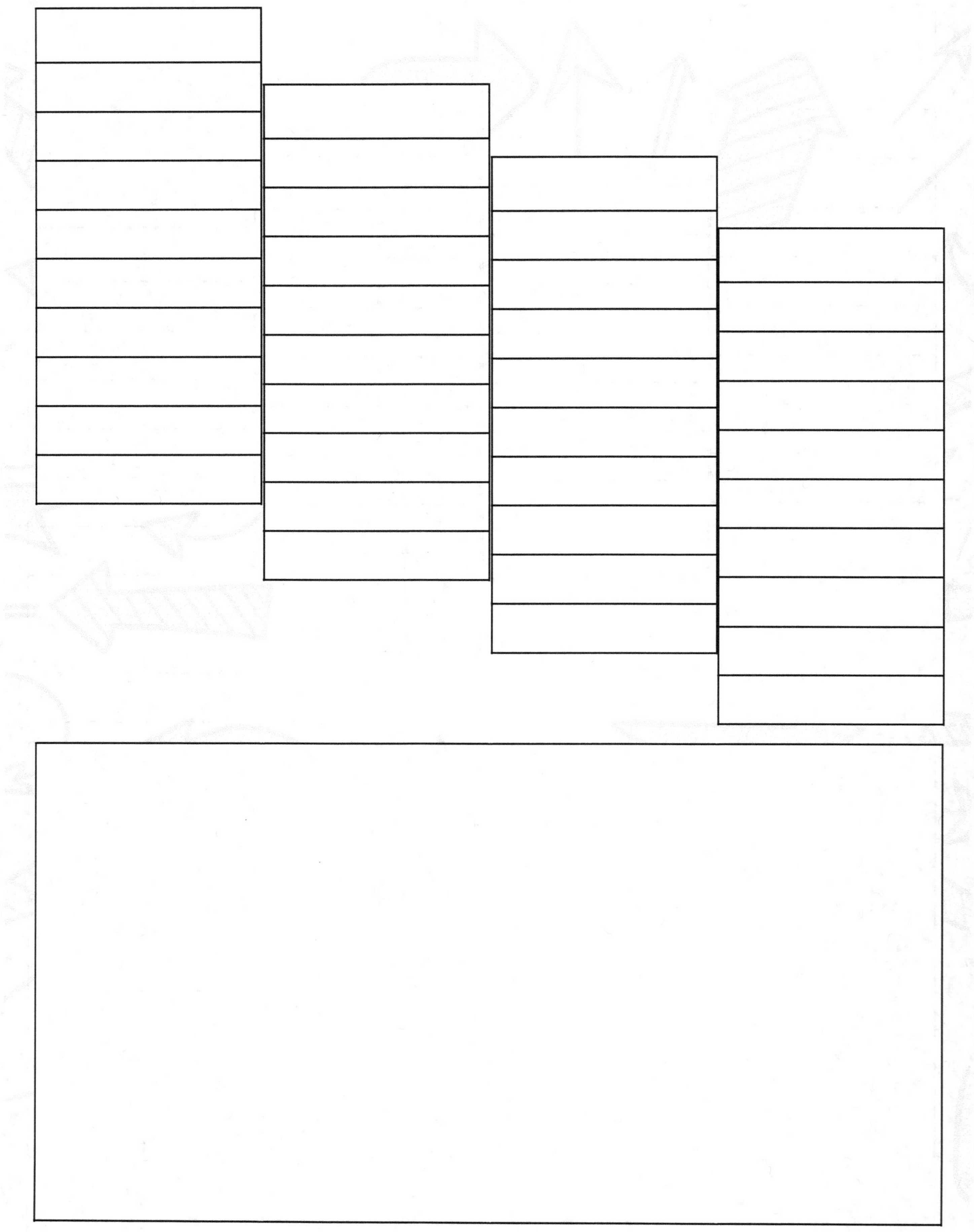

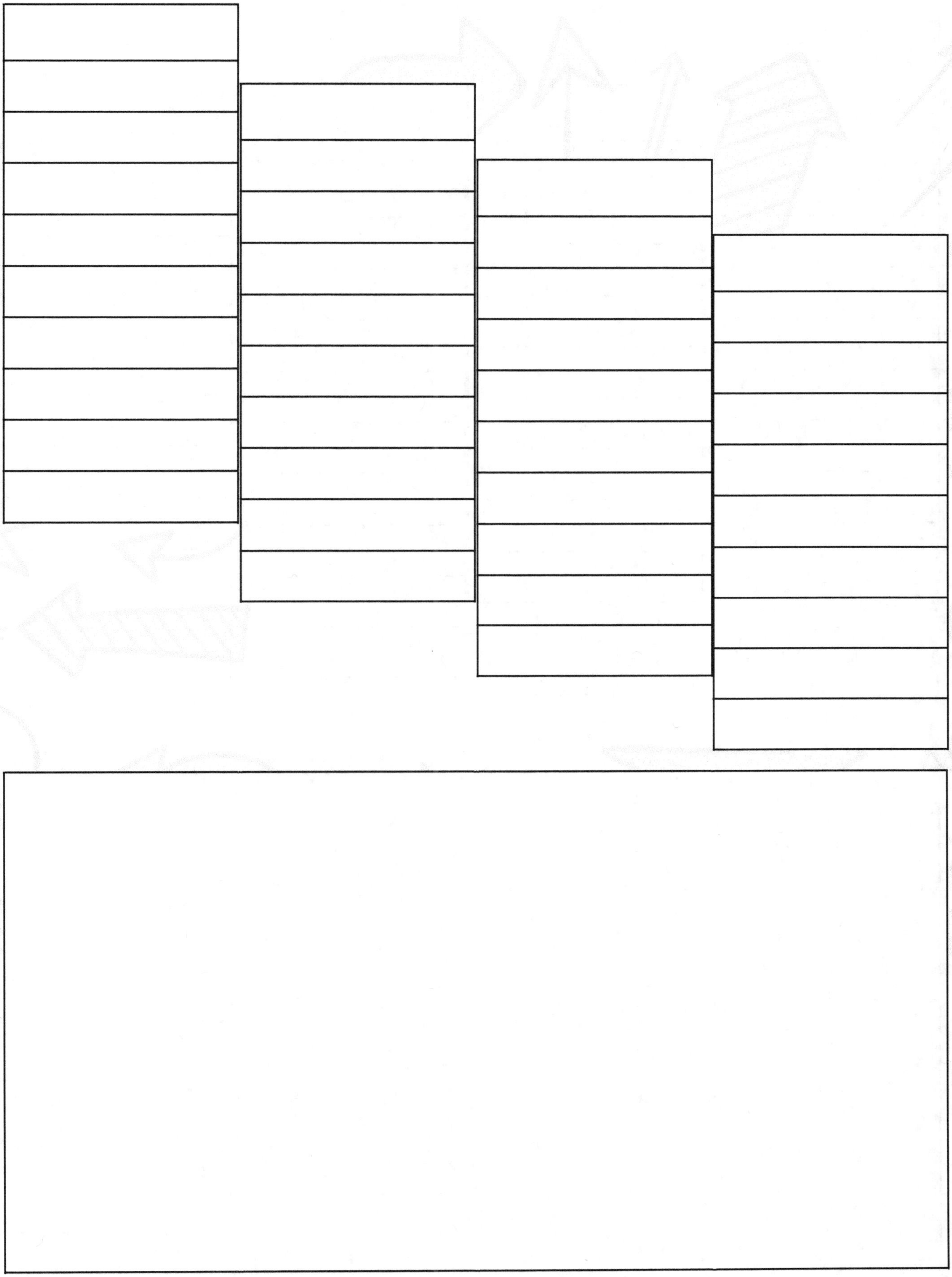

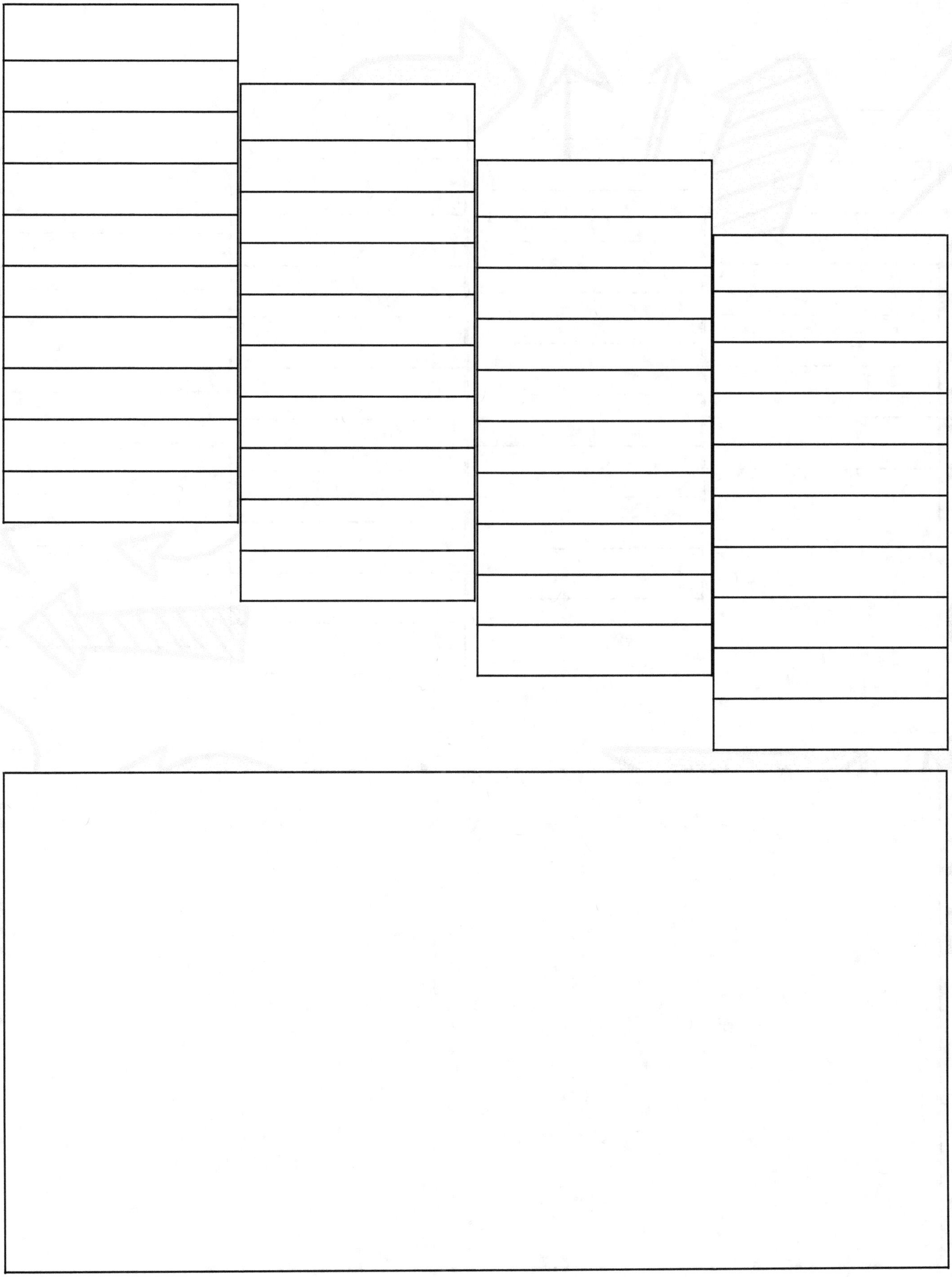

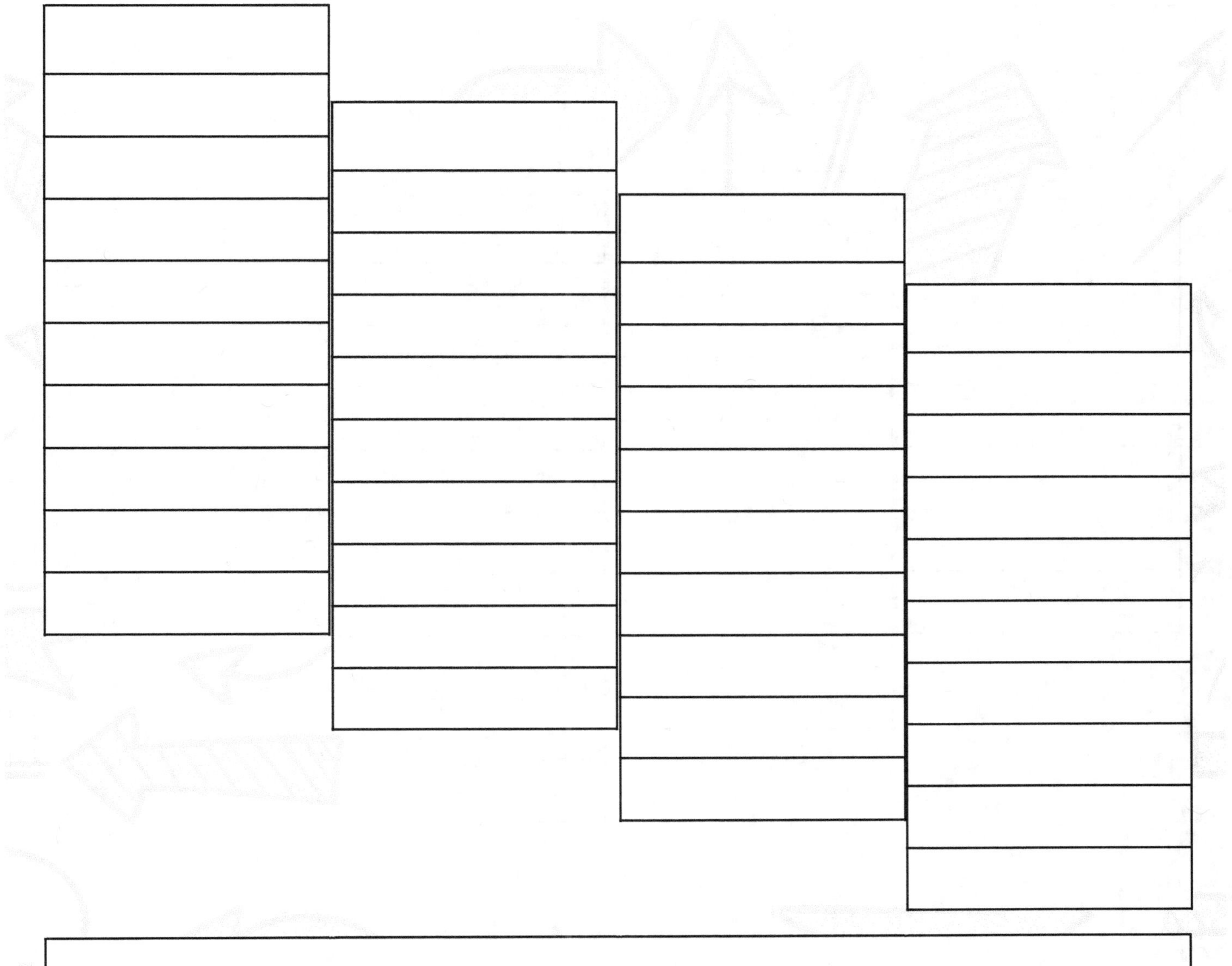

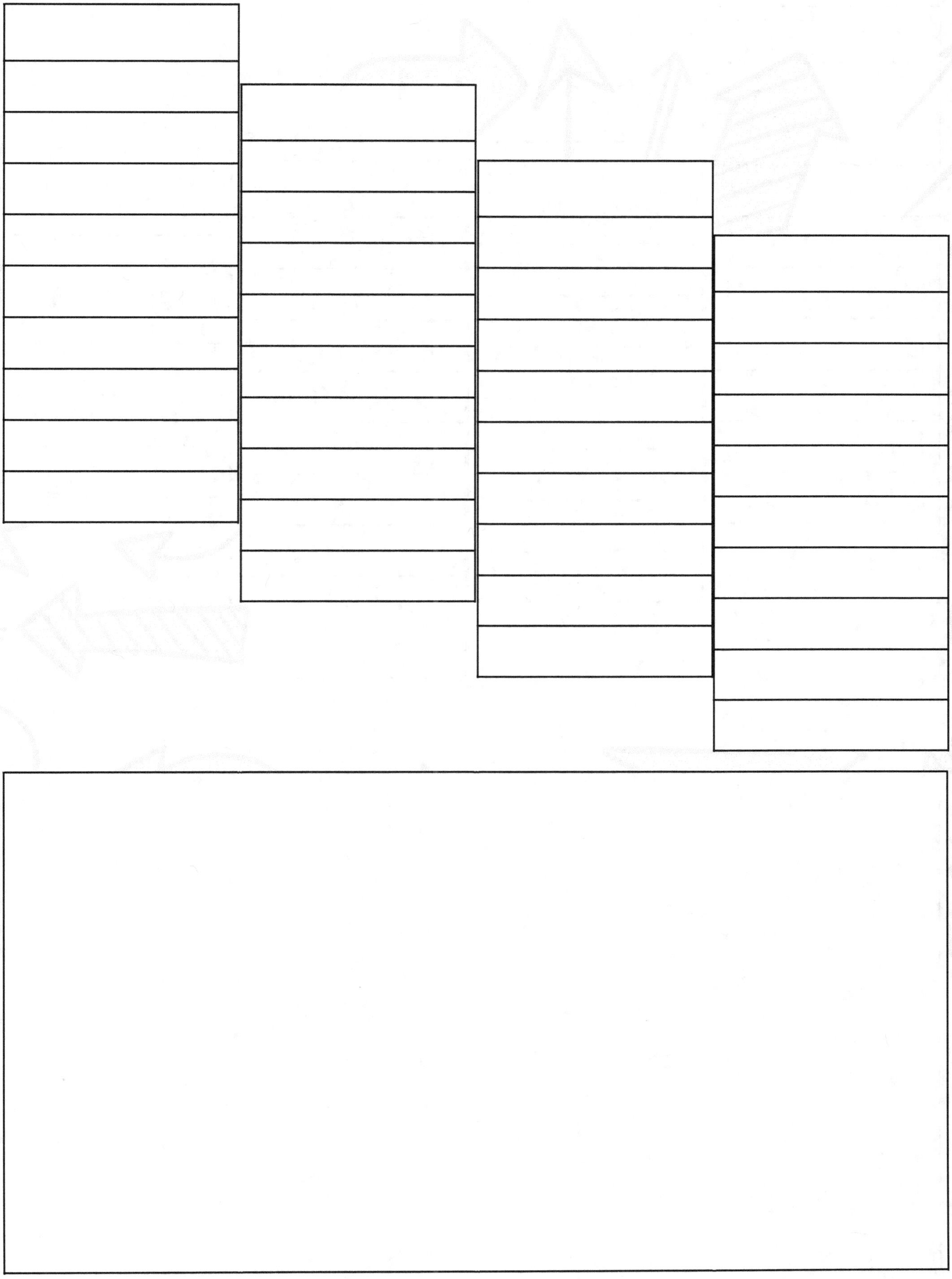

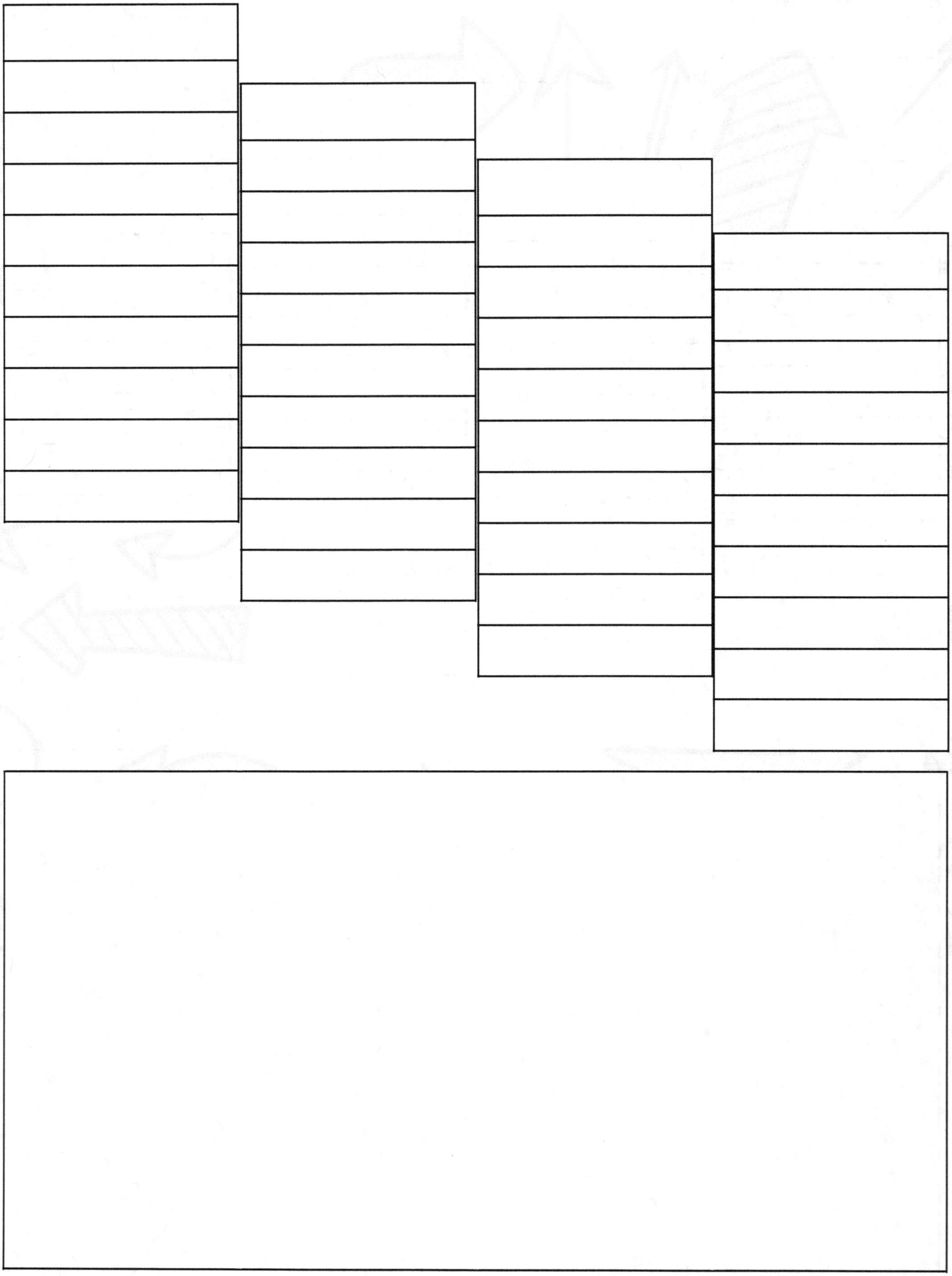

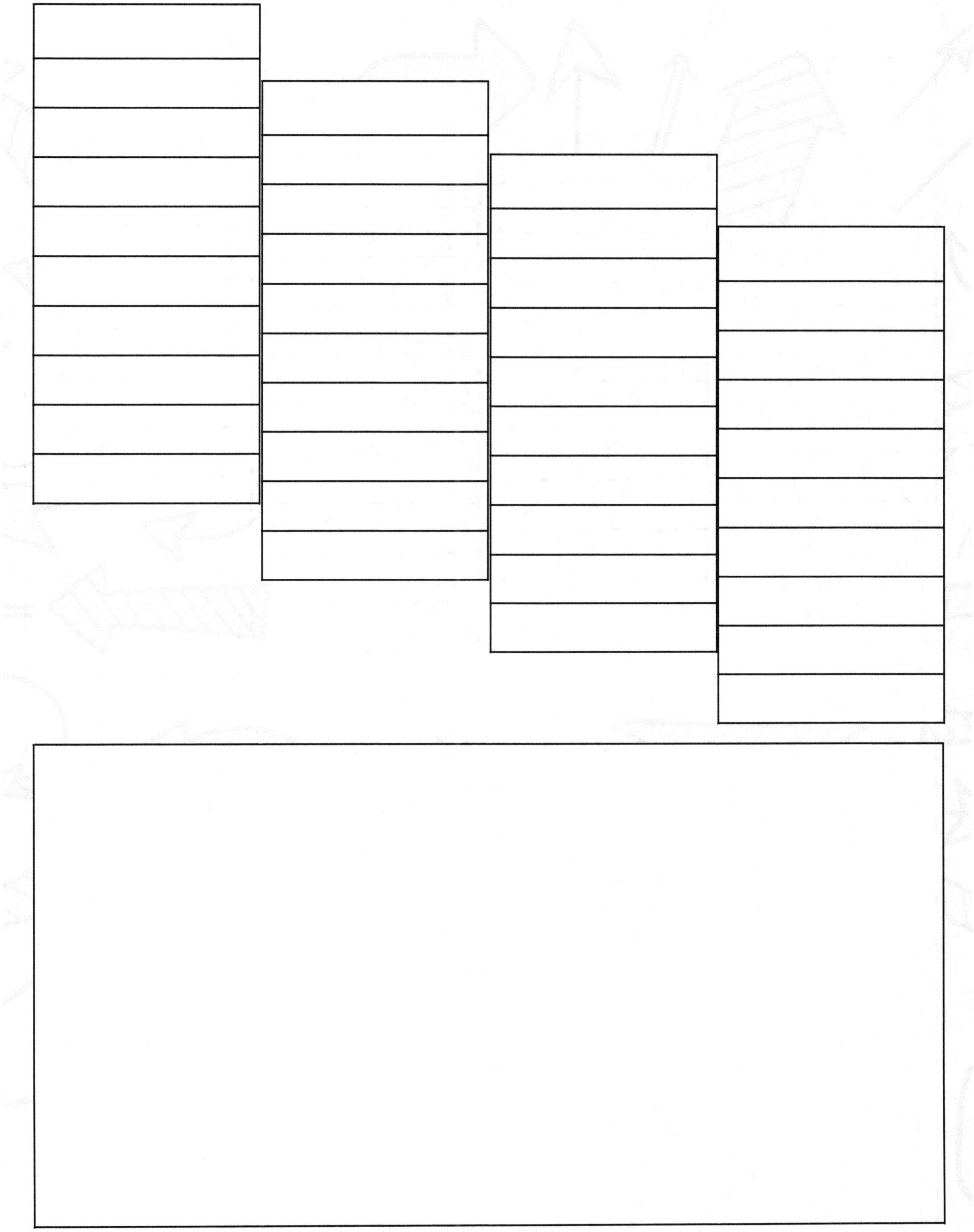

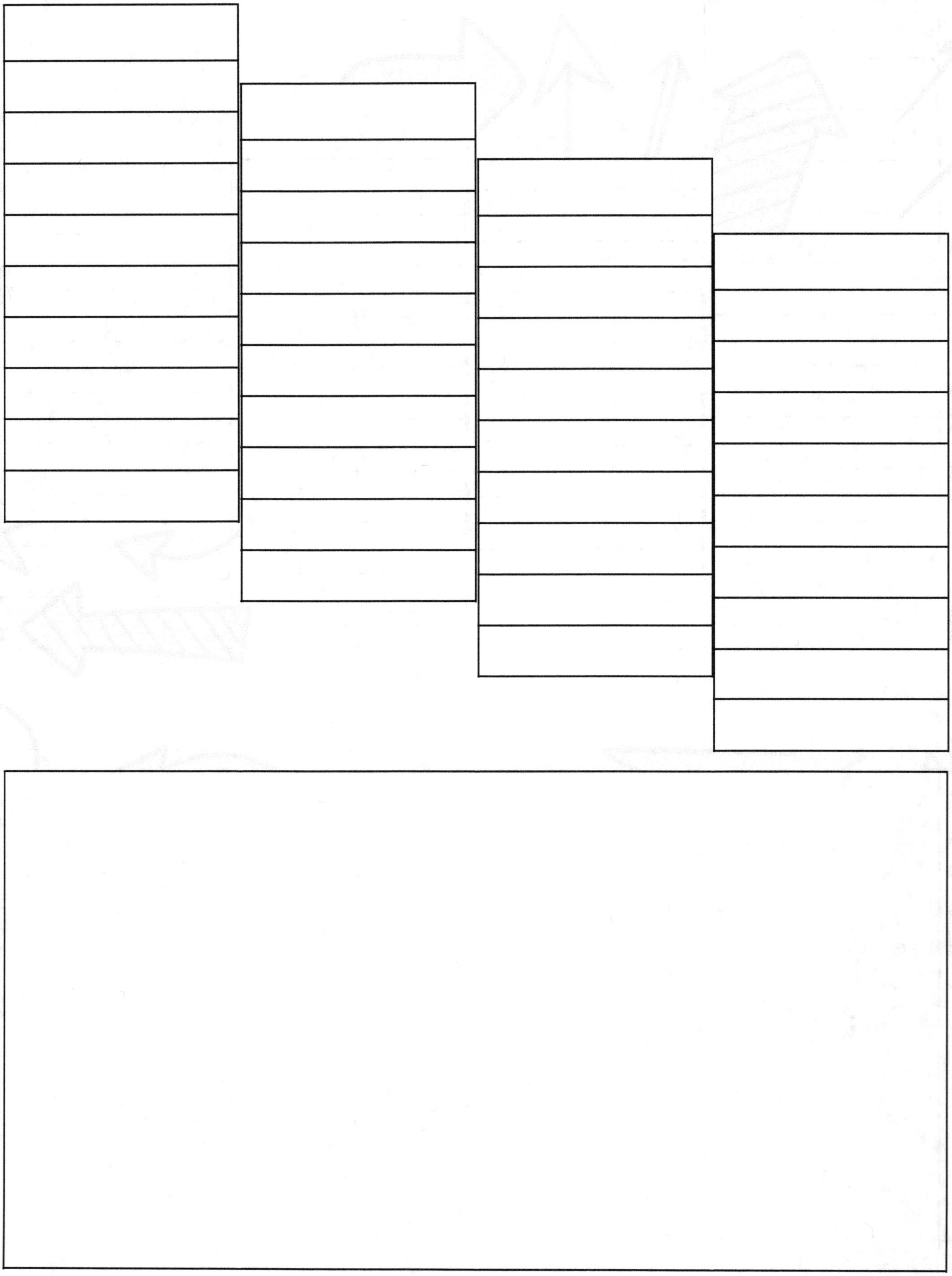

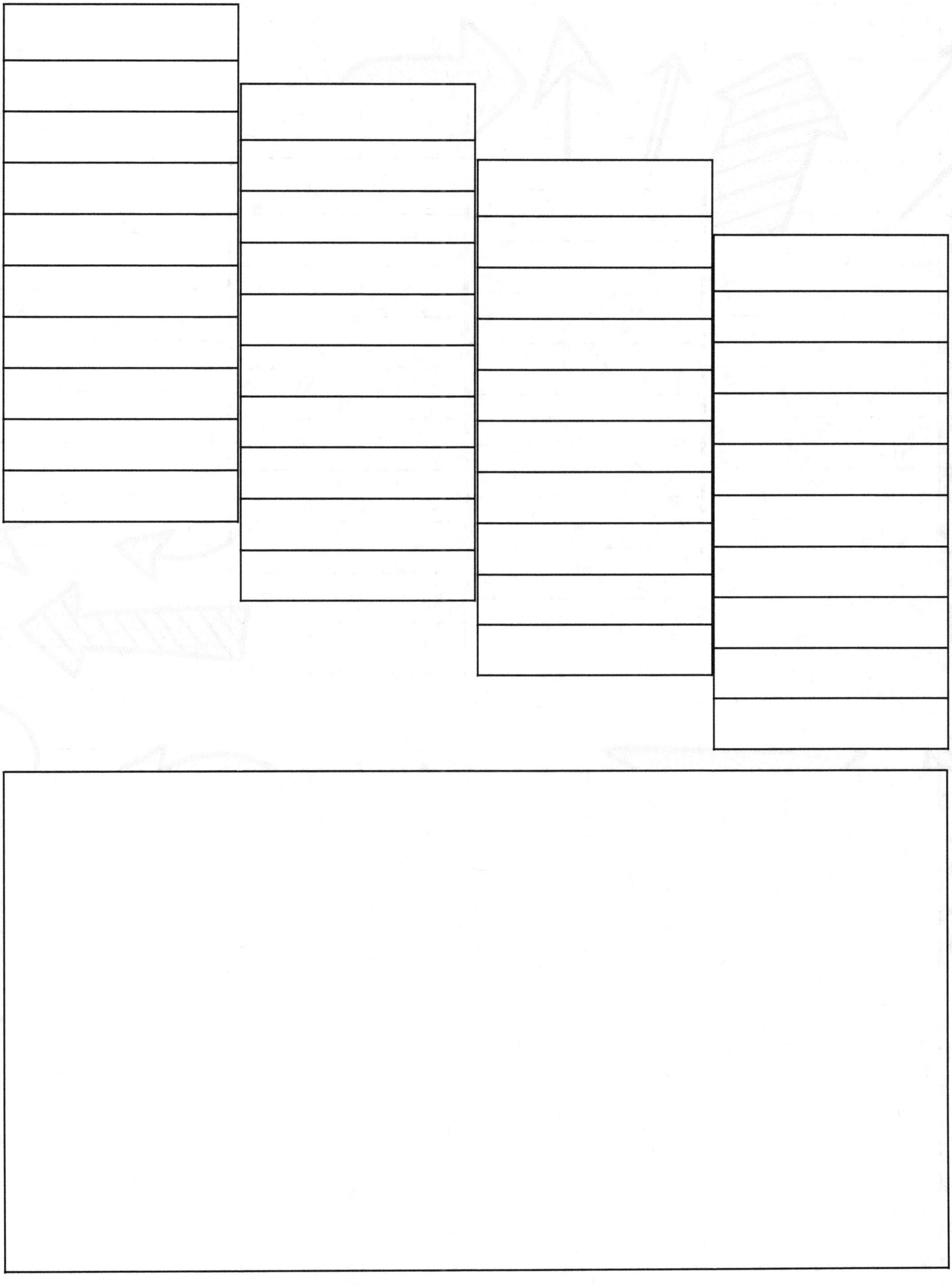

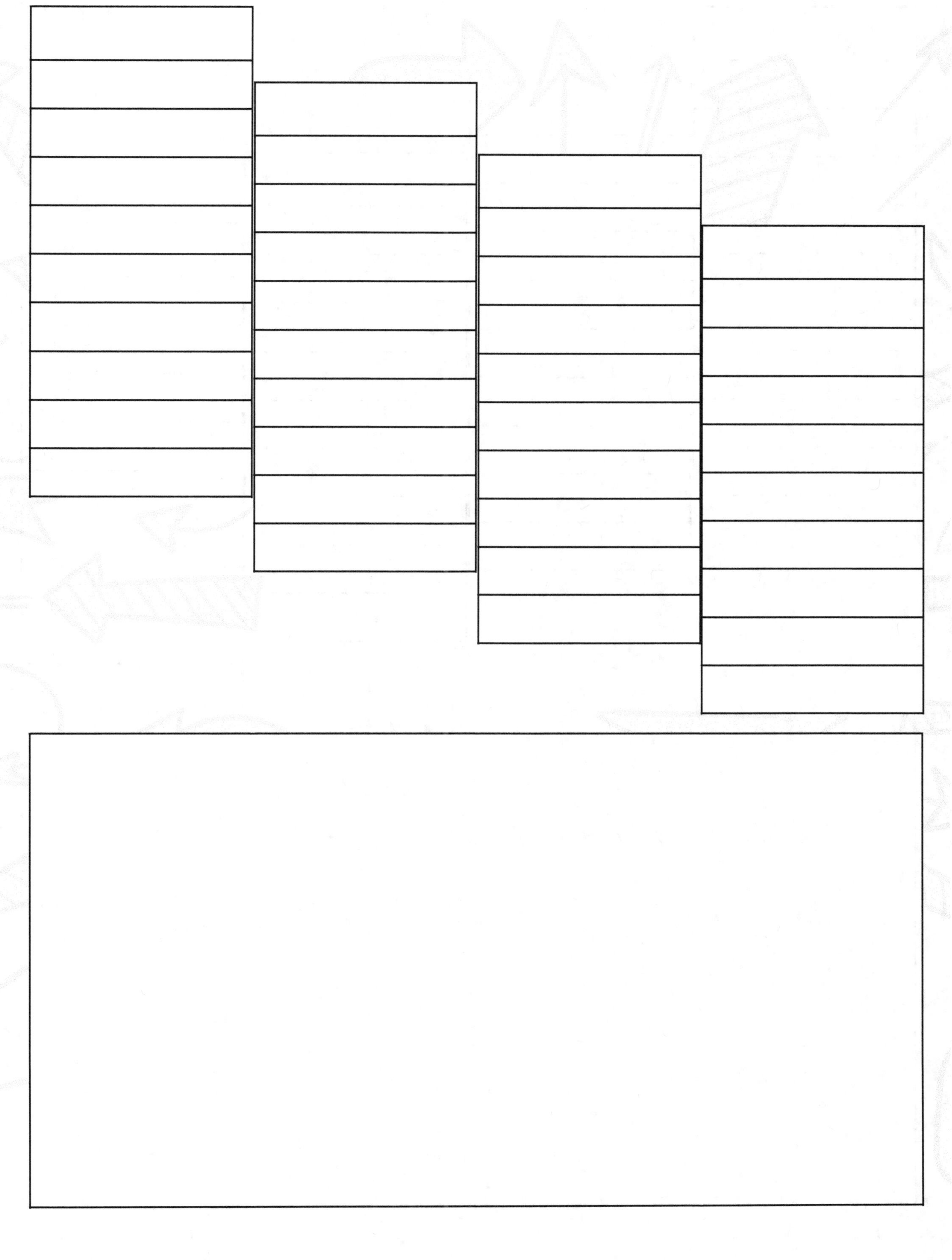

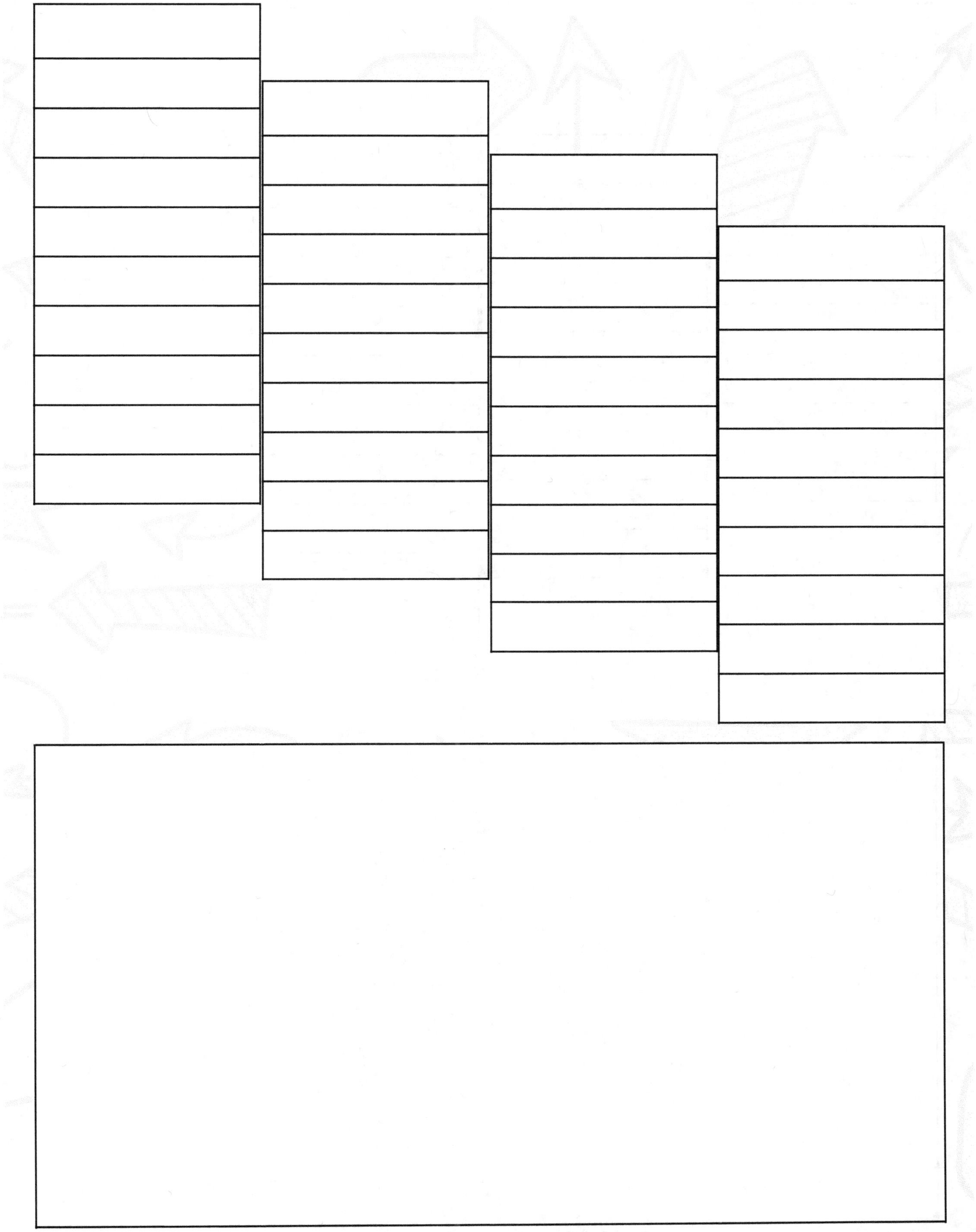

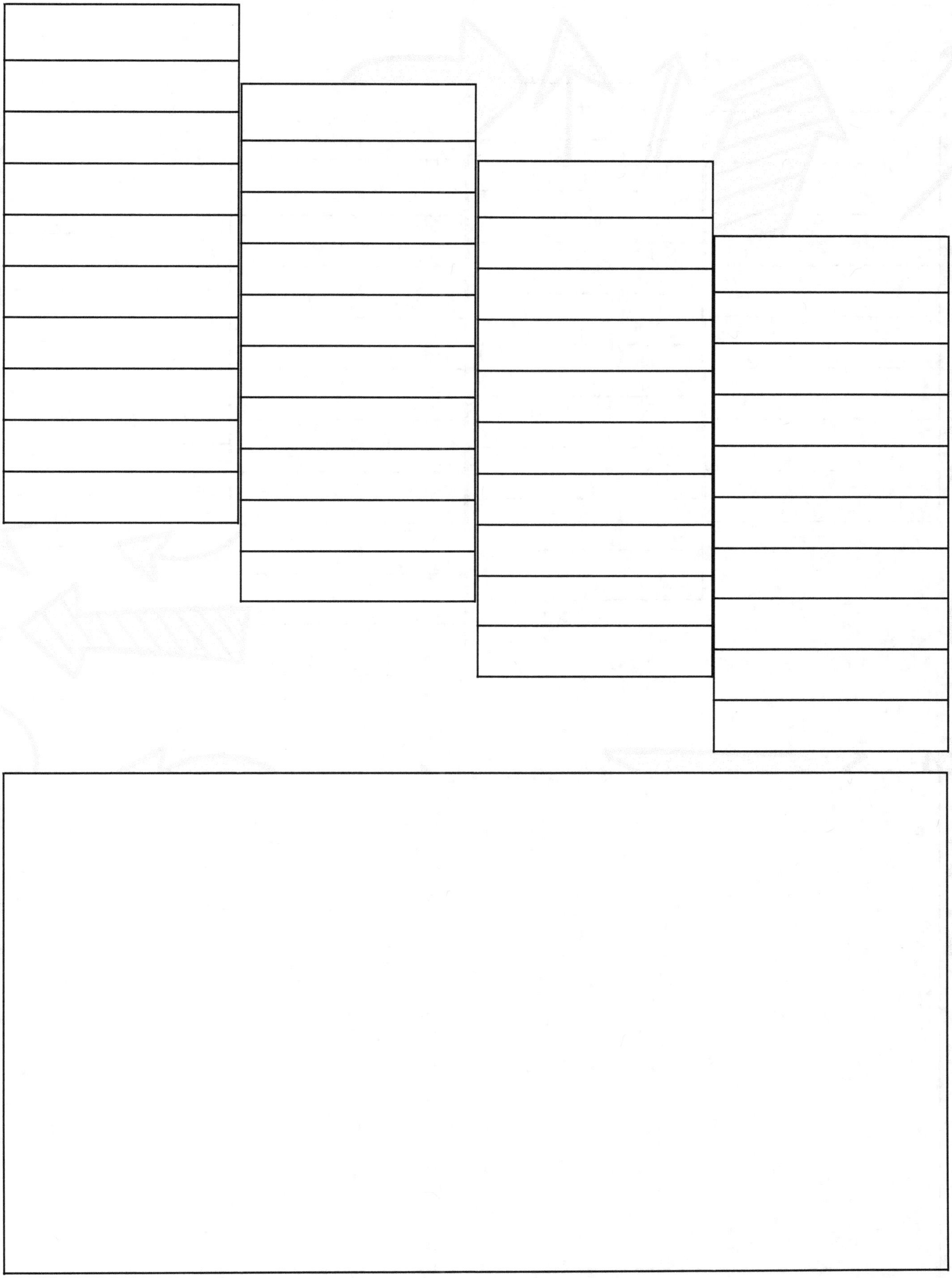

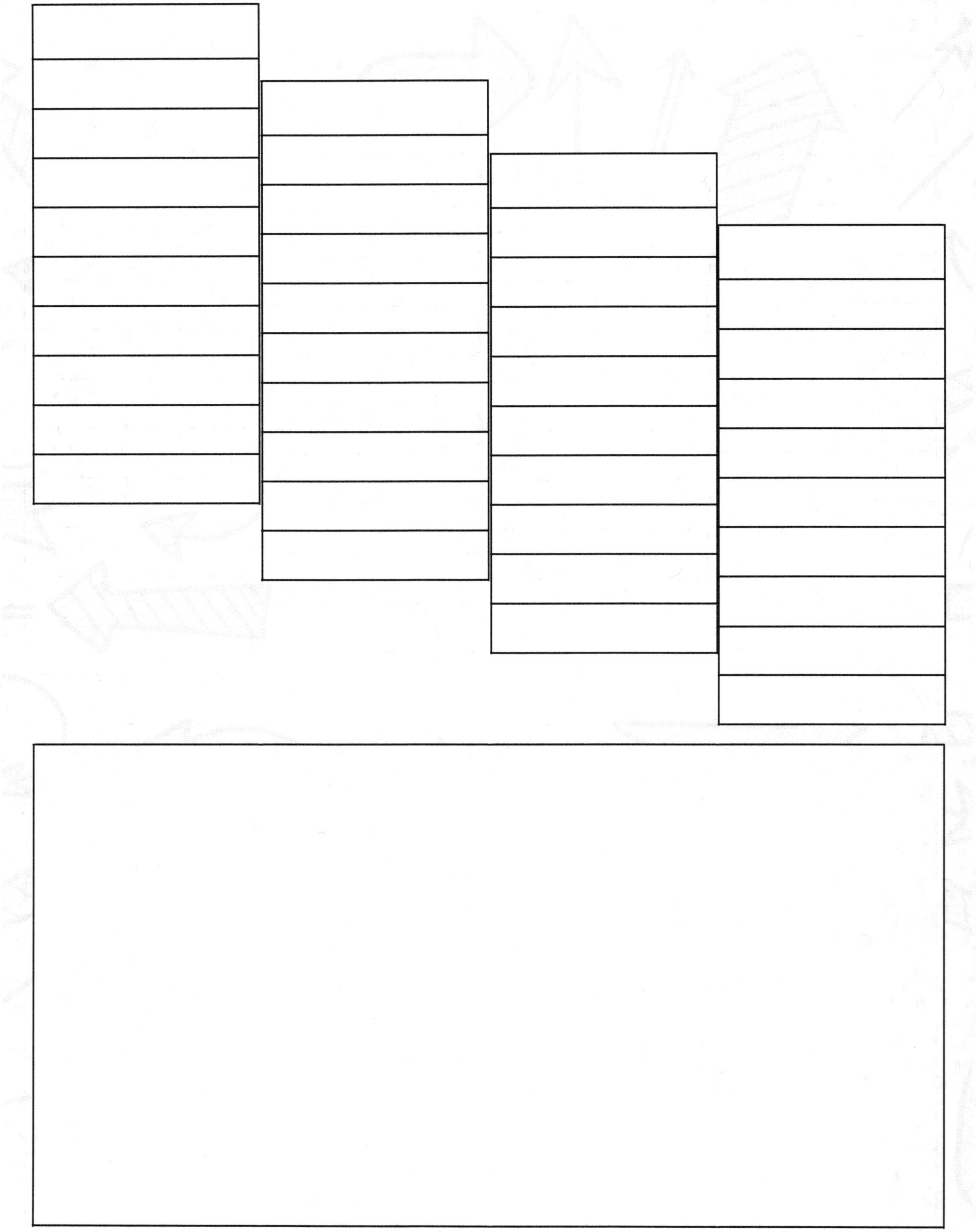

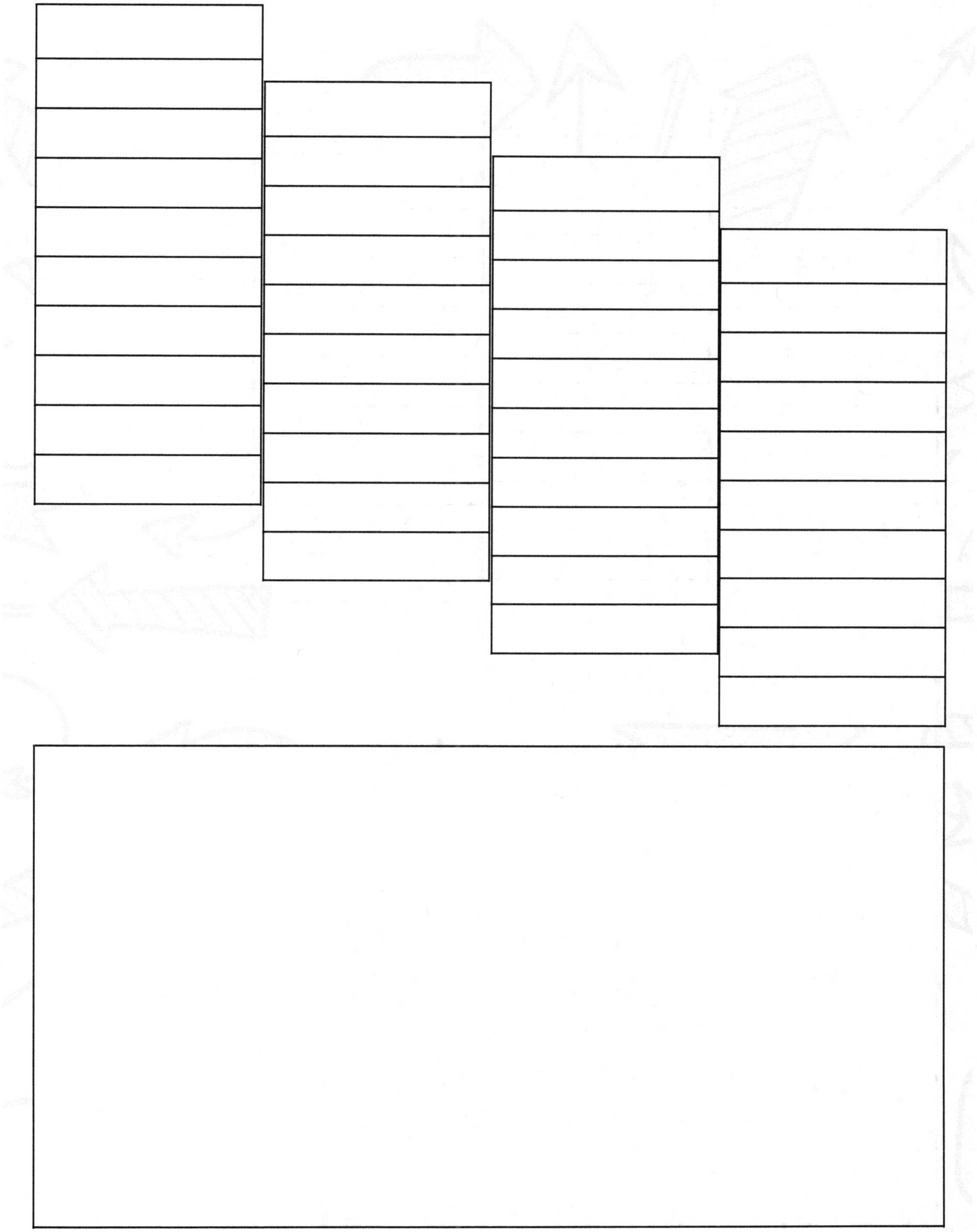

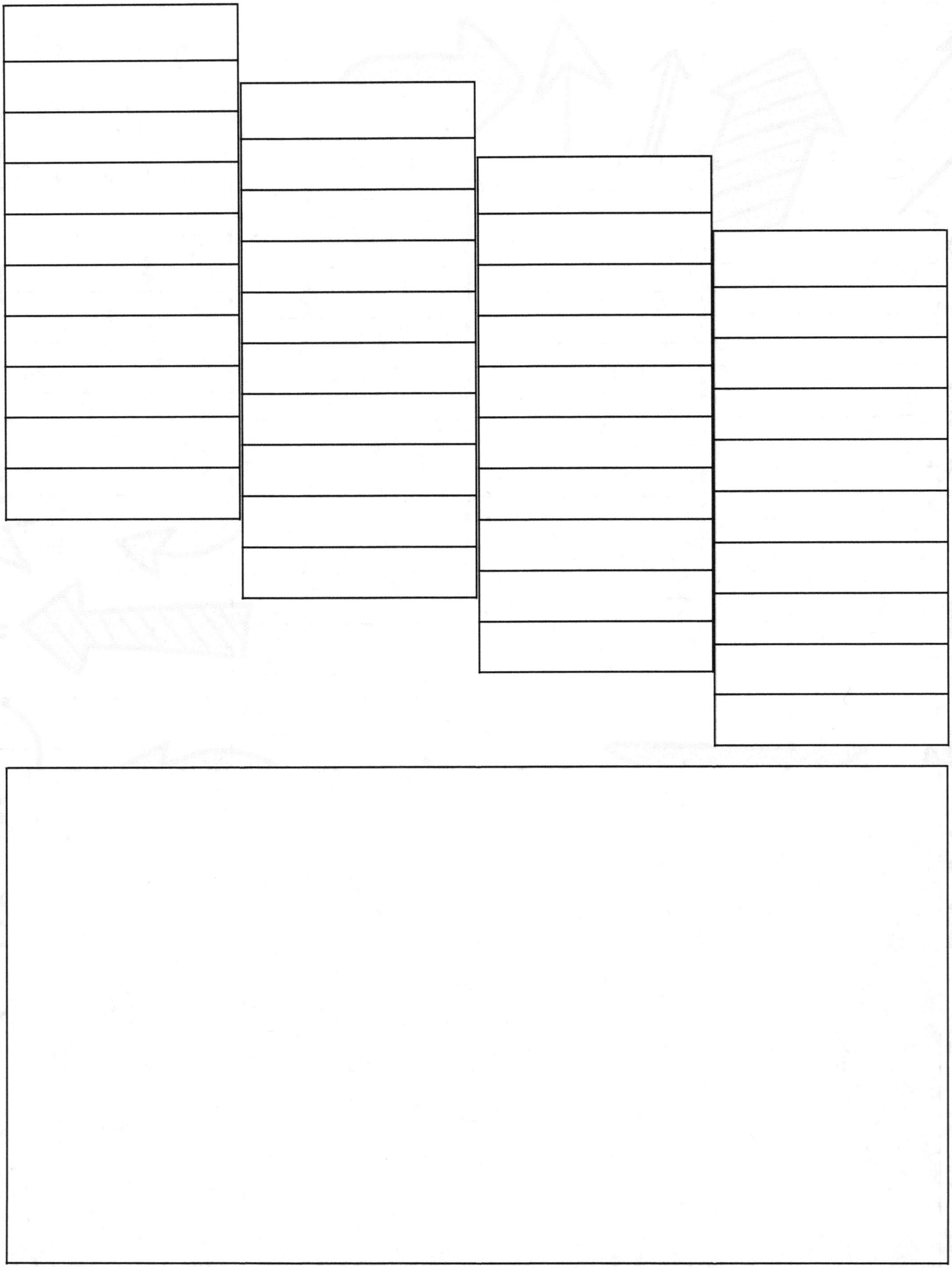

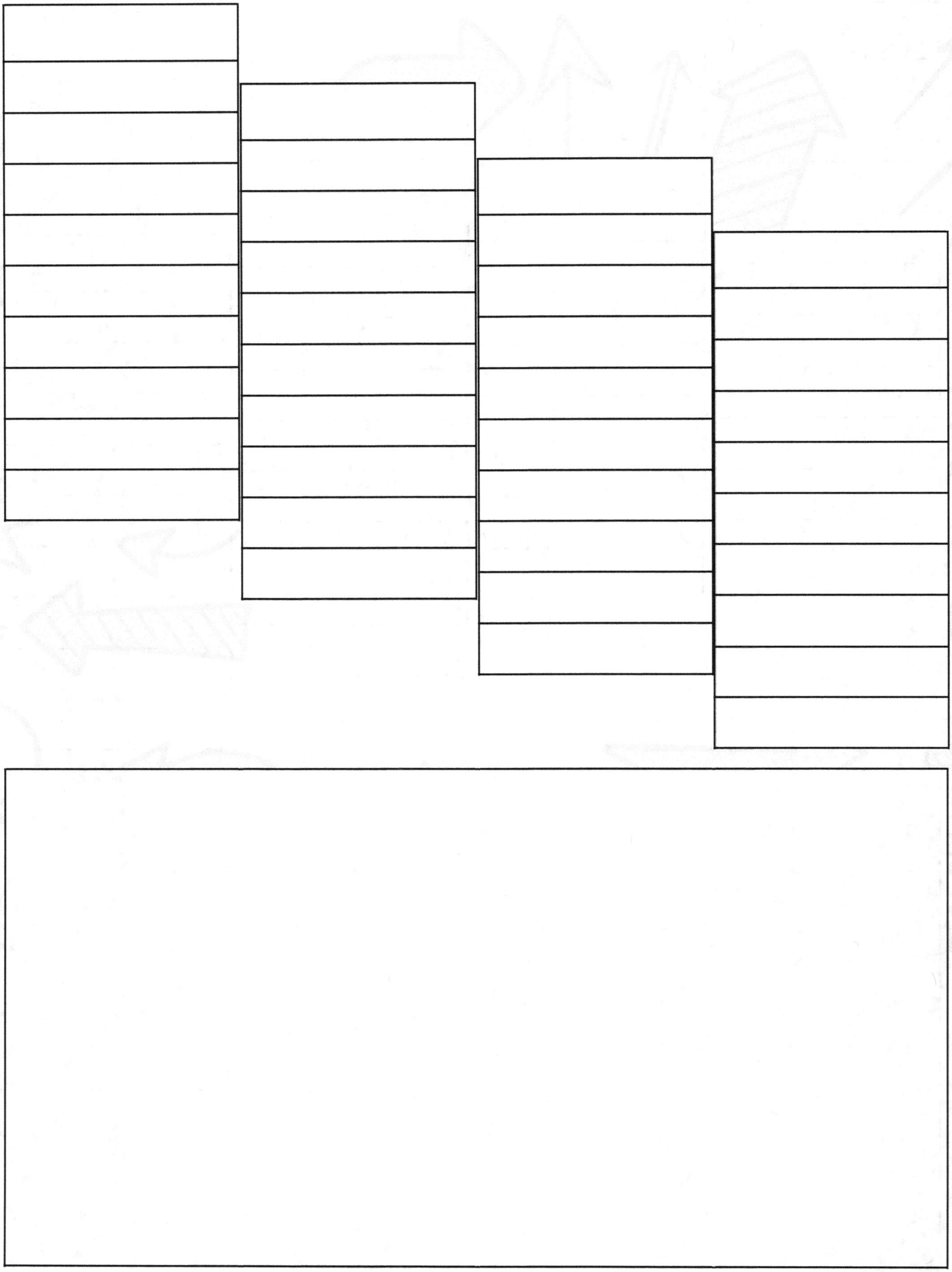

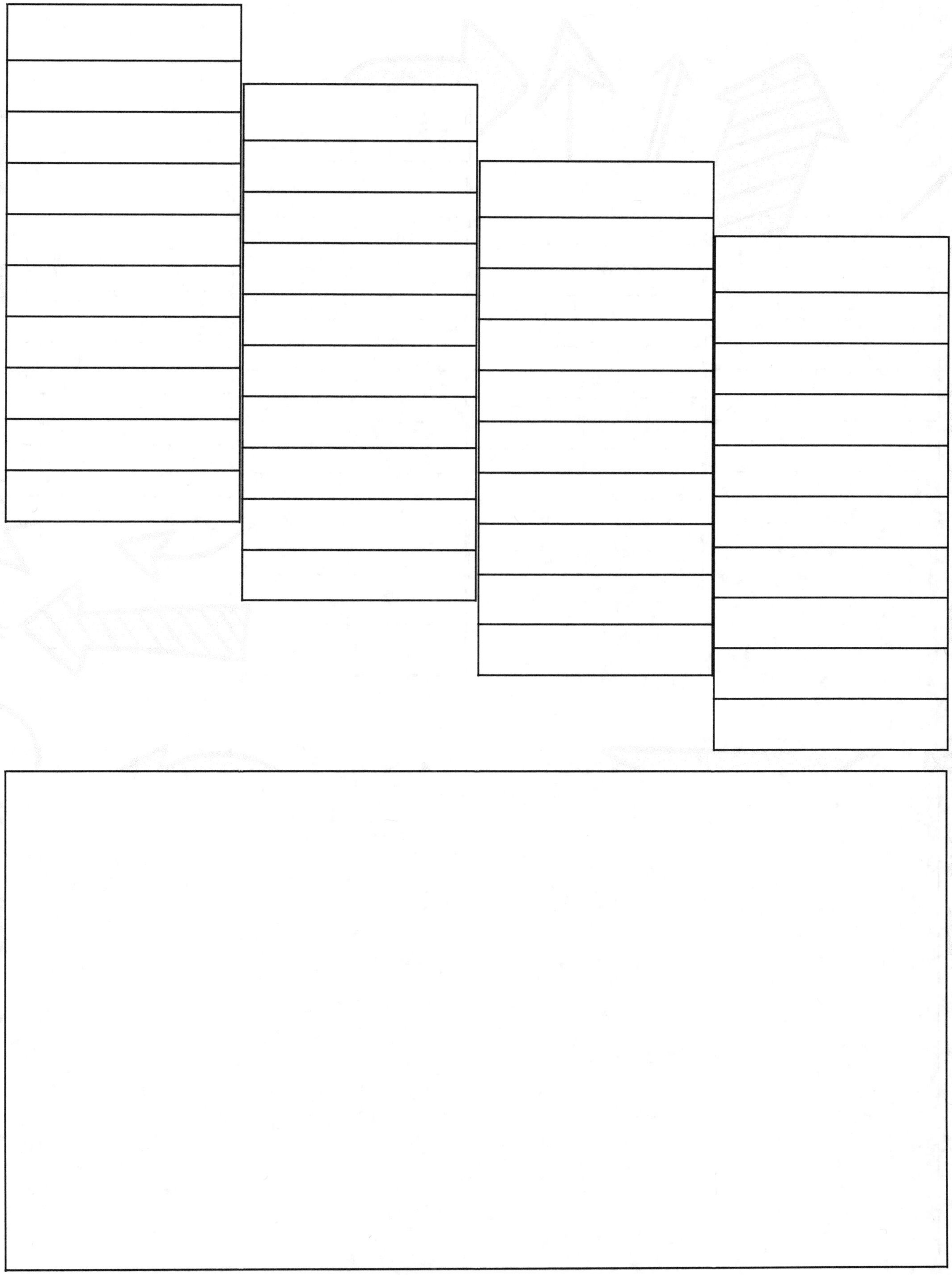

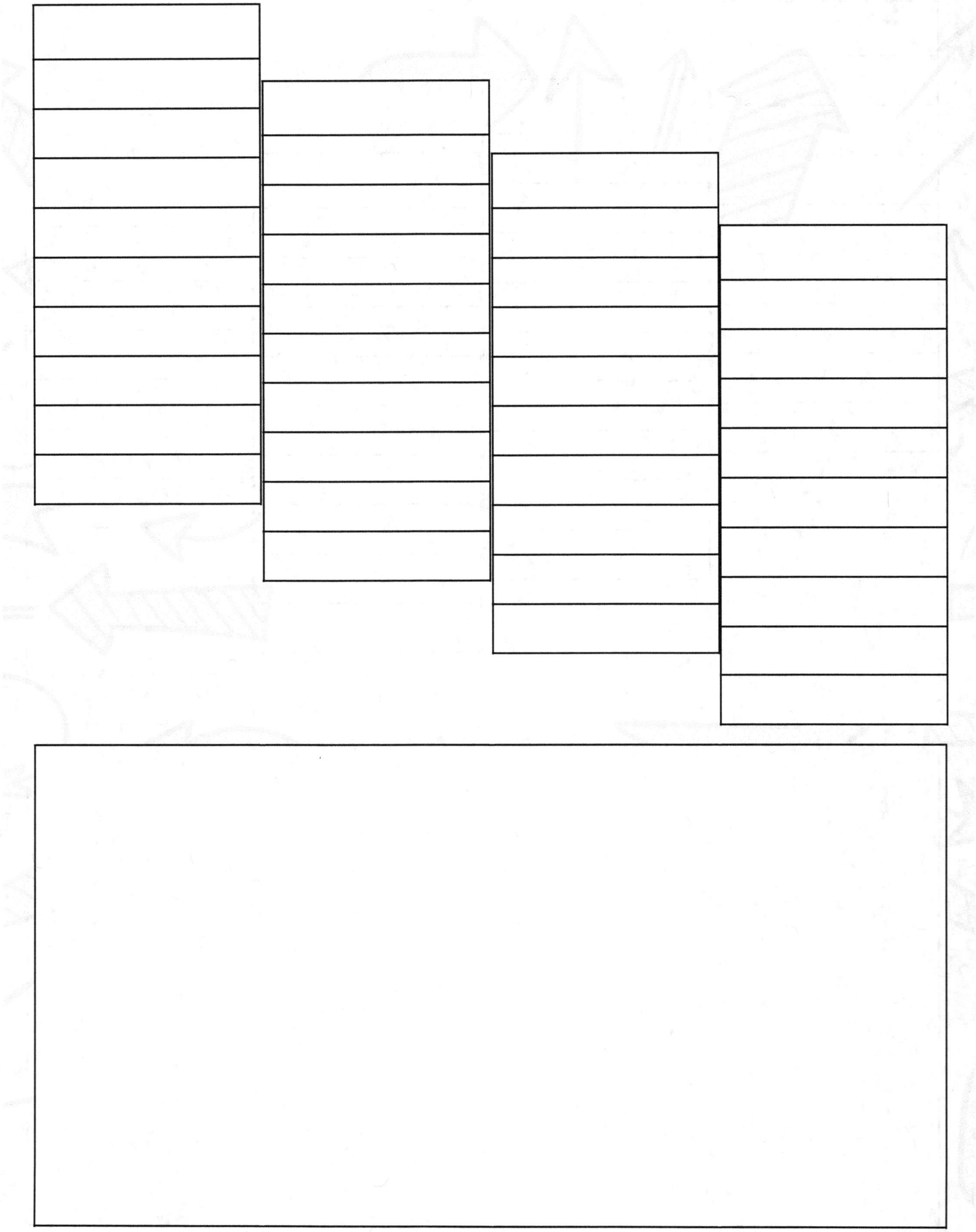

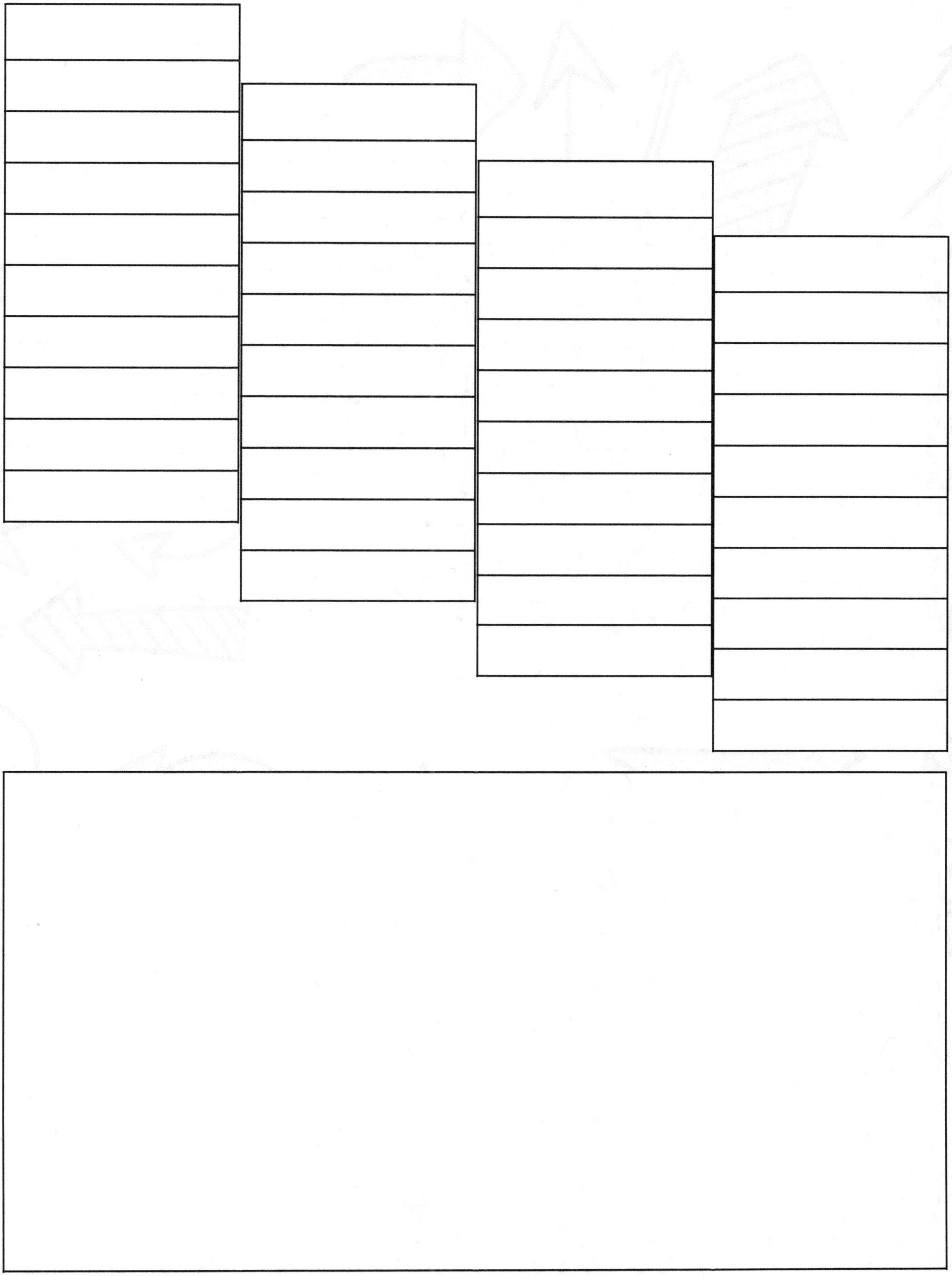

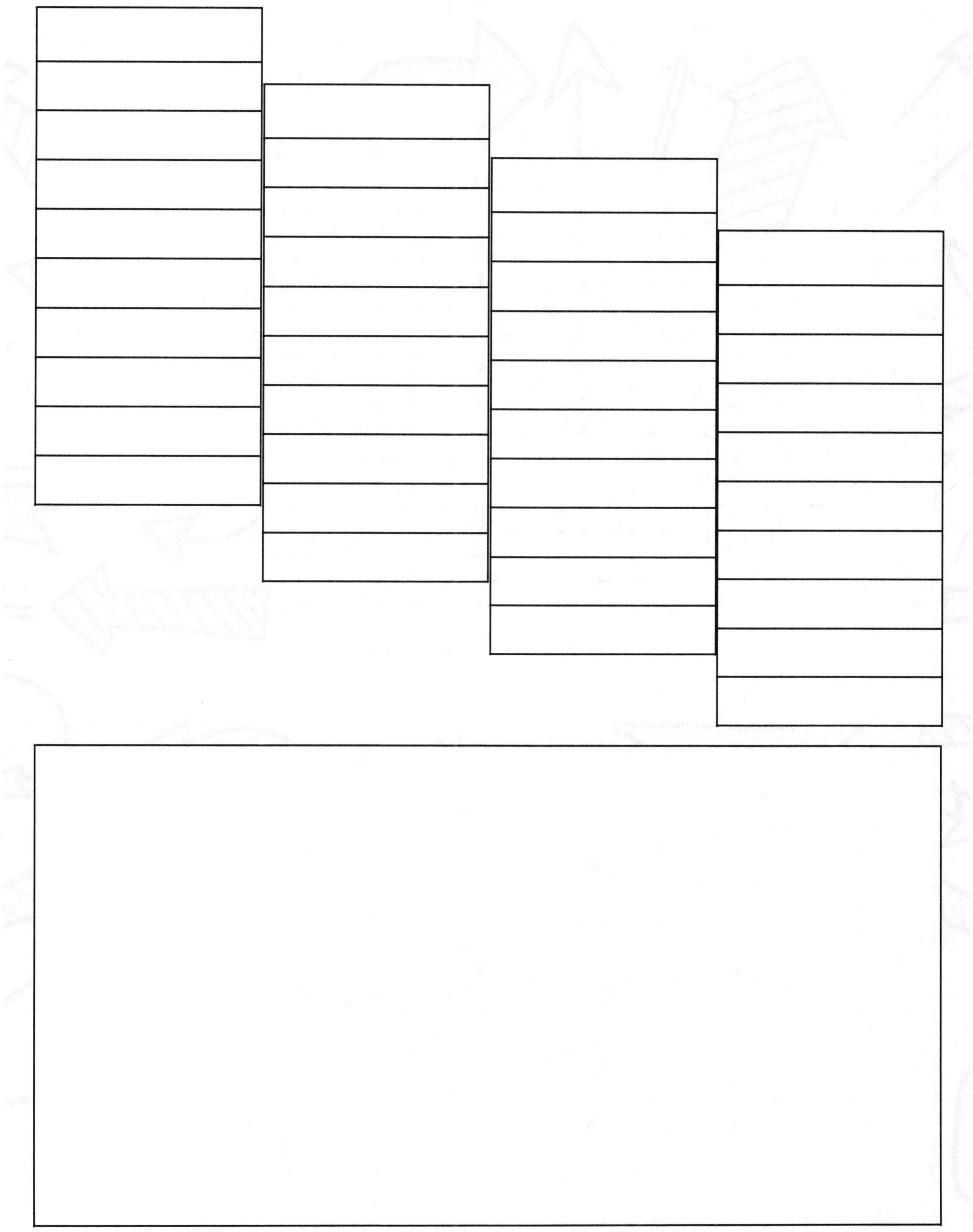

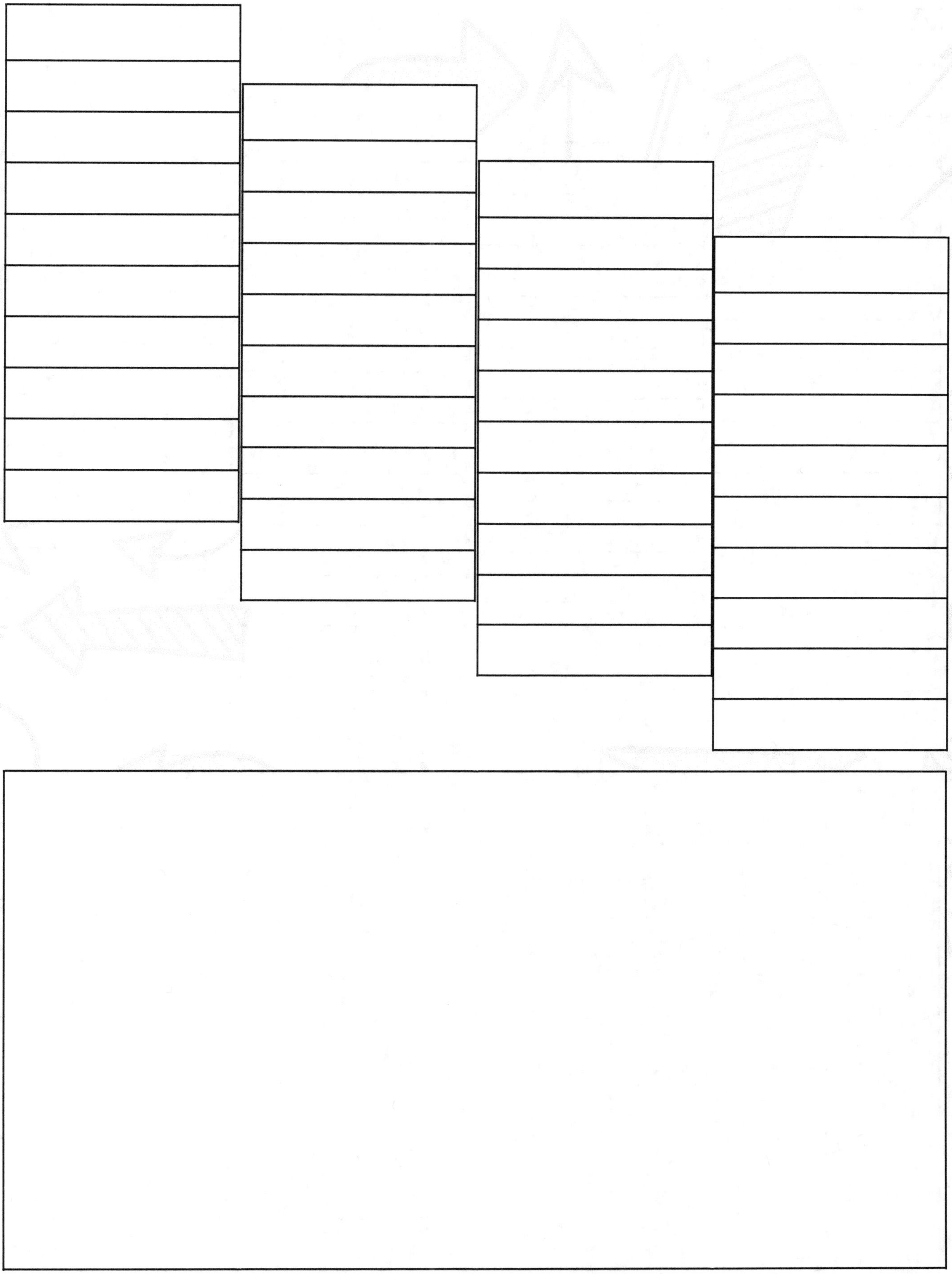

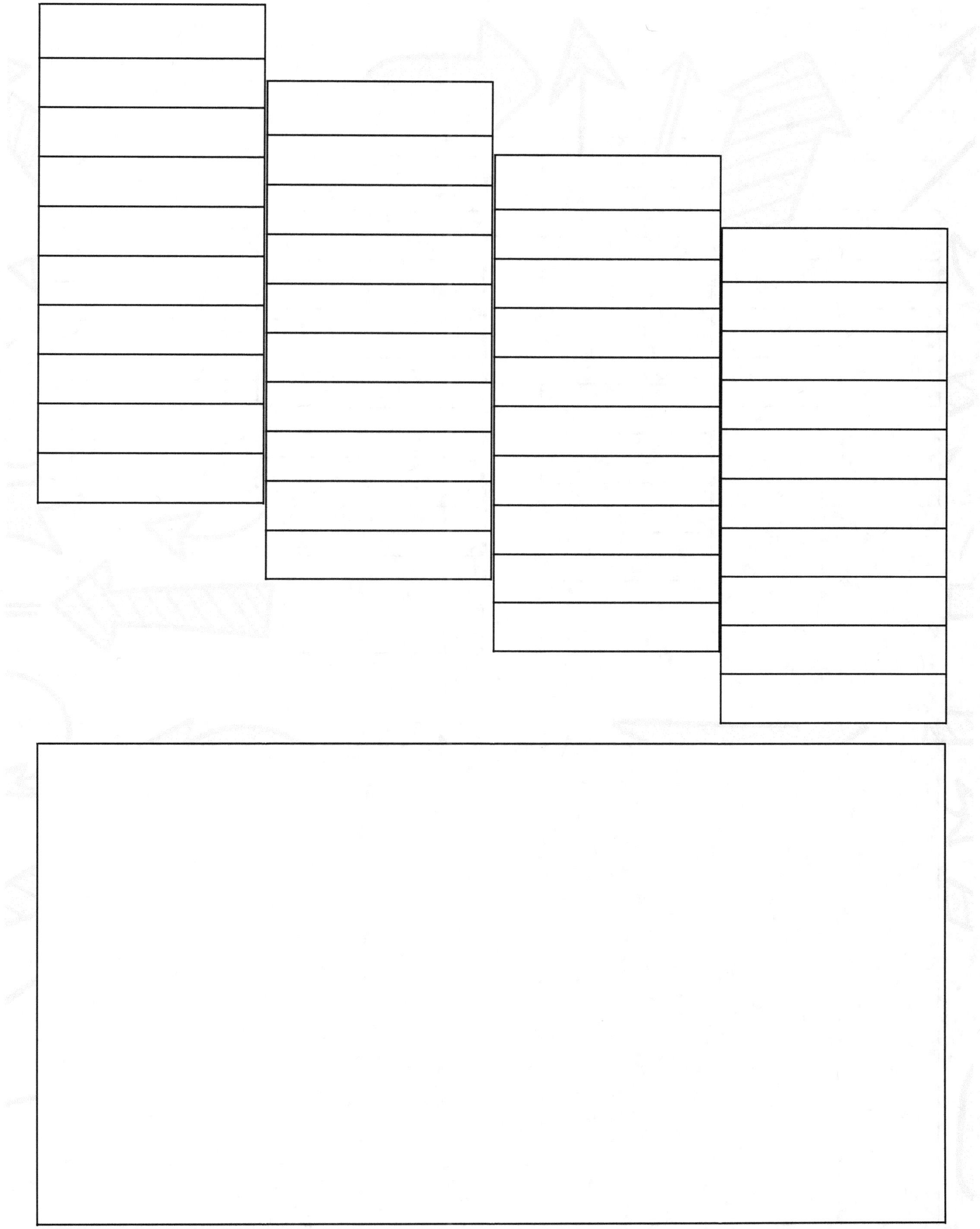

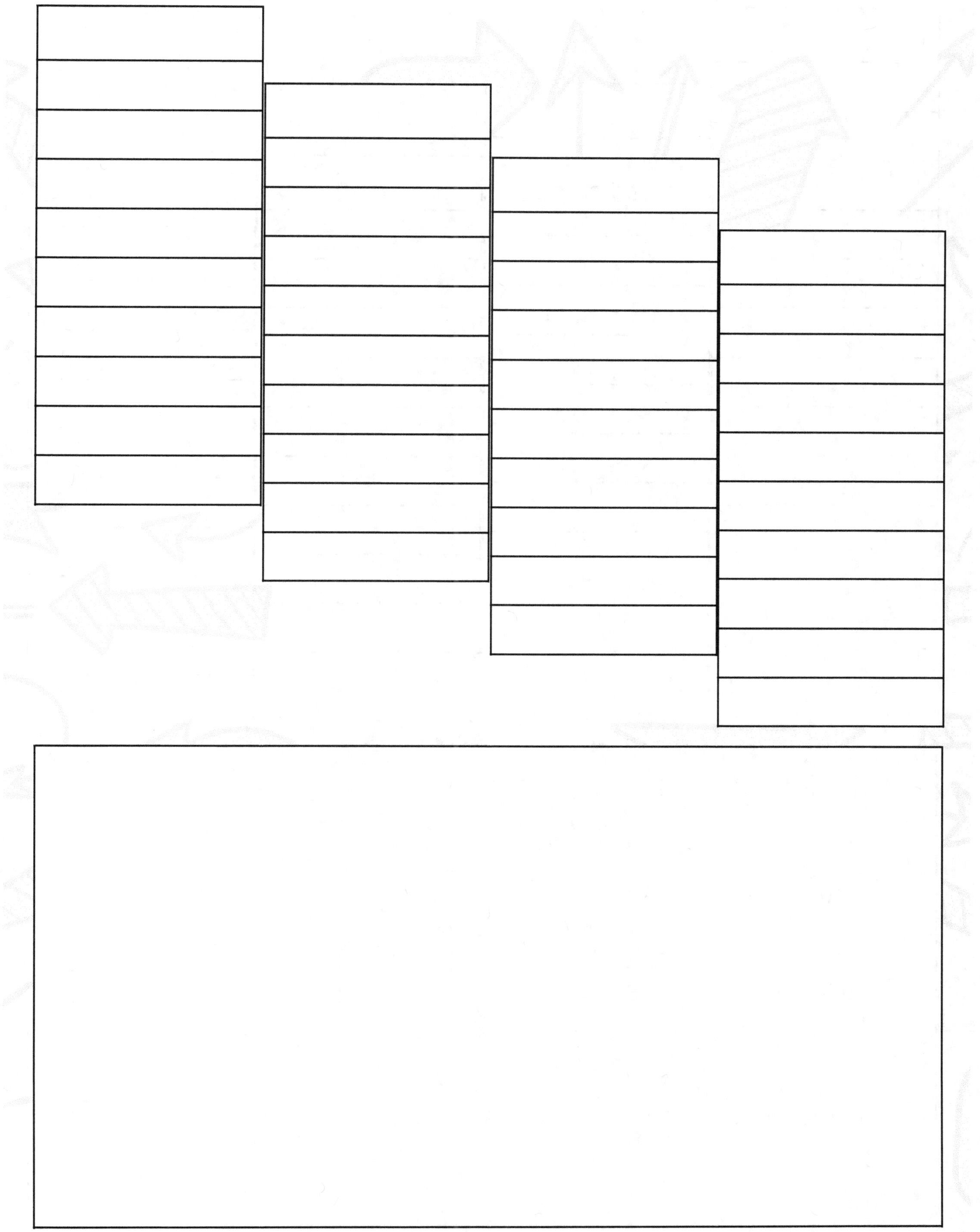

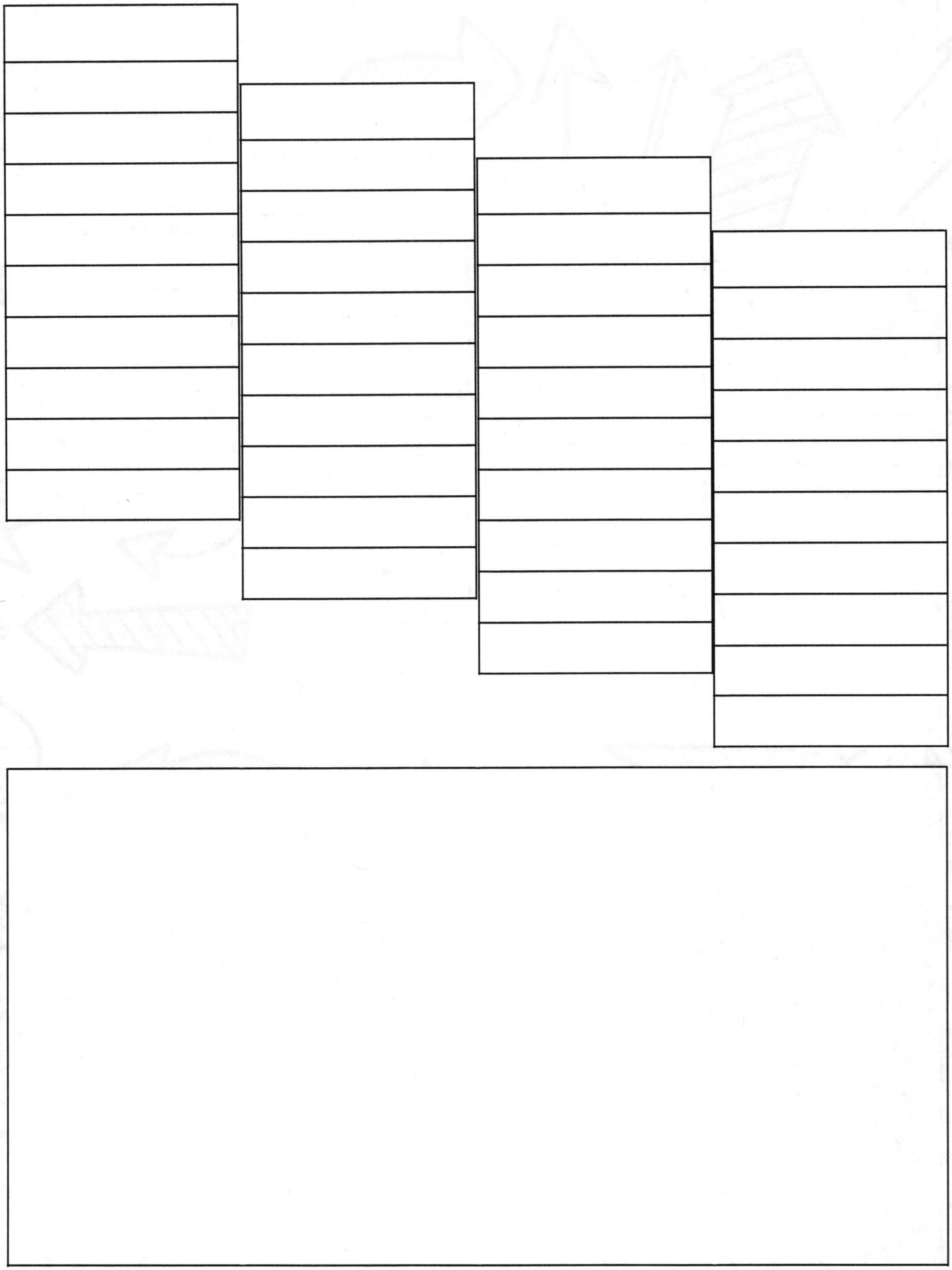

www.ingramcontent.com/pod-product-compliance
Lightning Source LLC
Chambersburg PA
CBHW052036280526
45791CB00010B/2982
* 9 7 8 1 0 7 9 6 7 6 5 7 0 *